BiNET

PROPOS *irresponsables*

FLUIDE GLACIAL

ISBN 2-85815-114-8

PROPOS IRRESPONSABLES : "J'ai été élu délégué des parents d'élèves..."

NOUS CONFIE MONSIEUR JEAN TRULOT.

QU'EST-CE QUE C'EST ENCORE ?!
BONJOUR! JE SUIS MONSIEUR TRULOT, LE DÉLÉGUÉ DES PARENTS POUR LA TROISIÈME B!
ÇA EXISTE TOUJOURS, ÇA???
LE DÉCRET EST TOUJOURS EN VIGUEUR, MONSIEUR LE PRINCIPAL!
"...j'entrais dans un monde merveilleux"...
CANOULET FLORENCE!
NULLE!
NULLE POUR MOI AUSSI!
DÉCIDÉMENT, ON NE PEUT PAS DIRE QUE CETTE CLASSE BRILLE PAR SES LUMIÈRES!
C'EST TOUS DES NULS!
2 EN FRANÇAIS, 1 EN MATHS, 1 EN HISTOIRE, 1/2 EN ANGLAIS...
PAR INDULGENCE!
C'EST VRAIMENT NUL!
EN FRANÇAIS, C'EST SIMPLE, ELLE NE SEMBLE PAS CONCERNÉE PAR CE QUE JE DIS!
POURQUOI VOULEZ-VOUS QU'UN FILLE QUI SE LIME LES ONGLES PENDANT LES COURS SE SENTE DES AFFINITÉS AVEC MONTAIGNE?

CHEZ MOI, ELLE PREND DES NOTES LES MAINS EN L'AIR POUR FAIRE SÉCHER SON VERNIS!
TSS!
QUELLE EST L'ORIENTATION DEMANDÉE PAR LES PARENTS?
C.A.P. DE MANUCURE!
ON L'AURAIT PARIÉ!
HA HA HA
EH BIEN, MOI, JE TROUVE QUE, POUR UNE FOIS QU'UNE ÉLÈVE A UNE IDÉE PRÉCISE SUR SON AVENIR, ÇA MÉRITE D'ÊTRE ENCOURAGÉ!
AH, OUI!
JE SUIS D'ACCORD AVEC VOUS, CHÈRE MADEMOISELLE, SEULEMENT, LAISSEZ-MOI VOUS RAPPELER QUE LE L.E.P. DE MANUCURES LE PLUS PROCHE EST À 600 KILOMÈTRES D'ICI!
NOUS, C'EST "TÔLERIE" OU "PROTHÈSES DENTAIRES"!
"TÔLERIE", C'EST MÊME PAS LA PEINE D'Y PENSER!
EN E.M.T., QUAND ON A RÉALISÉ LE PORTAIL GÉANT EN FER FORGÉ, ELLE A PAS ARRÊTÉ DE PESTER PARCE QU'ELLE S'ÉBRÉCHAIT LES ONGLES SUR L'ENCLUME!
DANS CE CAS, LES PROTHÈSES DENTAIRES S'IMPOSENT D'ELLES-MÊMES!
SUIVANT!
COLONET JEAN-LOUIS!
NUL!
1 EN FRANÇAIS,
0 EN MATHS
1 EN PHYSIQUE
1/4 EN ANGLAIS...
PAR SOLIDARITÉ!

QUELLE EST L'ORIENTATION DEMANDÉE PAR LES PARENTS?
POLYTECHNIQUE!
Y EN A QUI HÉSITENT PAS!
JE CONNAIS LES PARENTS! SI LEUR GOSSE A DES MAUVAISES NOTES, C'EST DE LA FAUTE DES PROFESSEURS!
LEUR REJETON, C'EST LA HUITIÈME MERVEILLE DU MONDE!
QU'EST-CE QUE VOUS LISEZ, VOUS, SOUS "polytechnique?"
"ou quelquechose d'approchant."
EN TOUT CAS, ÇA NE NOUS DIT PAS VERS QUOI ON VA L'ORIENTER CETTE MERVEILLE DU MONDE!
ÇA EXISTE PAS C.A.P. DE POLYTECHNICIEN?
HA HA HA HA HA HA HA HA HA HA HA HA HA HA HA
"...J'éprouvais une émotion intense..."
TRULOT SYLVIE!
NULLE!
NULLE POUR MOI AUSSI!
JE PENSE QUE C'EST UNE ÉLÈVE QUI REGORGE DE POSSIBILITÉS, MAIS DONT LA PERSONNALITÉ SEMBLE JUGULÉE PAR DES PROBLÈMES FAMILIAUX CRUCIAUX!
JE NE SERAIS PAS SURPRISE D'APPRENDRE QU'ELLE EST L'AÎNÉE D'UNE FAMILLE DE DIX!
ELLE EST FILLE UNIQUE!
4

CURIEUSEMENT, SES NOTES SE SONT EFFONDRÉES AU COURS DES TRIMESTRES!
C'EST SOUVENT, CHEZ LES ENFANTS UNIQUES!
EN MATHS, PAR EXEMPLE! 1 LE PREMIER TRIMESTRE, 1/2 LE DEUXIÈME ET 1/4 LE TROISIÈME!
QUELLE EST L'ORIENTATION DEMANDÉE PAR LES PARENTS?
MÉDECINE!
COMPLÈTEMENT IRRÉALISTE!!
POUSSER CETTE ÉLÈVE DANS CETTE VOIE, RELÈVE DE L'INCONSCIENCE!!
C'EST DU SUICIDE!!
LE CYCLE COURT S'IMPOSE!
BON!
"TÔLERIE" OU "PROTHÈSES DENTAIRES?"
"... à présent, tout le monde m'admire..."
J'AI CRU BIEN FAIRE... JE ME SUIS DIT QUE C'ÉTAIT CE QUI SE RAPPROCHAIT LE PLUS DE "MÉDECINE"!
T'AURAIS PRÉFÉRÉ "TÔLERIE"?
5

propos irresponsables !
"Je suis député de l'opposition ..."
NOUS AVOUE MONSIEUR LEBAREC.
COMME VOUS LE SAVEZ, LA LOI QUE LE GOUVERNEMENT COMPTE FAIRE ADOPTER, EST UNE LOI QUE NOUS AVIONS PROPOSÉE LORSQUE NOUS ÉTIONS AU POUVOIR ET QUE L'ACTUELLE MAJORITÉ, AVAIT, ALORS, REFUSÉE AVEC LA PLUS GRANDE VIGUEUR !
CES REVIREMENTS ÉLECTORALISTES SONT INACCEPTABLES, ET NOUS LES COMBATTRONS !!
BRAVO !
BIEN DIT !
AH, IL PARLE BIEN, LUI !
VOILA DONC LA STRATÉGIE QUE NOUS ALLONS ADOPTER FACE AUX PROPOS DU MINISTRE...
un savant dosage de rigueur et de subtilité...
IL N'EN PLACERA PAS UNE !!
LA PAROLE EST A MONSIEUR LE MINISTRE DES AFFAIRES SOCIALES !
MESDAMES MESSIEURS, MES CHERS COLLÈGUES !
1

NOTRE PAYS...
C'EST PAS VOTRE PAYS!
MONSIEUR LEBAREC, JE VOIS CLAIR DANS VOS INTENTIONS, MAIS LAISSEZ-MOI VOUS DIRE QUE JE NE ME LAISSERAI PAS ENTRAÎNER SUR CE TERRAIN!!
DONC, NOTRE PAYS...
C'EST TOUJOURS PAS VOTRE PAYS!!
PARCEQUE C'EST LE VÔTRE, PEUT-ÊTRE?
EN TOUT CAS, PLUS À NOUS QU'À VOUS! NOUS, C'EST LE PEUPLE QUI NOUS SOUTIENT, PAS LES MULTINATIONALES!!
BRAVO
BRAVO
BRAVO
MONSIEUR LEBAREC! EN CE MOMENT, VOYEZ-VOUS, J'AI MAL À MON COEUR...
RESPIREZ DES SELS!!
AH
AH AH
AH AH
TERRIBLE!
J'AI MAL À MON COEUR PARCEQUE CERTAINS TROUVENT MATIÈRE À IRONISER QUAND TROIS MILLIONS DE CHÔMEURS À NOS PORTES SE DÉBATTENT DANS LA MISÈRE LA PLUS INSOUTENABLE!!
VOUS N'AVEZ PAS LE MONOPOLE DE LA MISÈRE!!!
BRAVO
AH, IL PARLE VRAIMENT BIEN, LUI!
2

PAR QUELLE PRÉROGATIVE VOUS ARROGEZ-VOUS LE DROIT DE DÉCERNER DES BREVETS D'APTITUDE A LA DÉTRESSE DE NOS CONCITOYENS?
DU DROIT D'UN MINISTRE QUI, PAR SA FONCTION MÊME, SE TROUVE CHAQUE JOUR CONFRONTÉ A CE DOULOUREUX PROBLÈME DES CHÔMEURS!!
ET ALORS??
PARCEQU'ON Y A JAMAIS ÉTÉ AU GOUVERNEMENT, P'T-ÊTRE? ON Y A JAMAIS ÉTÉ CONFRONTÉ, P'T-ÊTRE, A CE DOULOUREUX PROBLÈME DES CHÔMEURS?
MAIS NOUS, ON EN A PLUS QUE VOUS!!!
AH AH AH AH
ON NE VOUS LE FAIT PAS DIRE!
AH AH AH AH AH AH AH AH AH AH AH AH AH AH AH AH AH AH AH AH
VOUS LE RECONNAISSEZ ENFIN!
AH AH AH
EH BIEN, OUI, JE LE RECONNAIS!
J'AI CETTE HONNETETÉ!
ET TOC!
ALORS, RECONNAISSEZ QUE NOUS GÉRONS LA CRISE QUE VOUS NOUS AVEZ LÉGUÉE!!
OOOOOOOHHH
C'EST FACILE D'IMPUTER A D'AUTRES LA RESPONSABILITÉ D'UN MAL QUAND ON N'A, SOI-MÊME, AUCUNE SOLUTION A PROPOSER!!
3

MAIS ÇA FAIT UNE HEURE QUE J'ESSAYE DE VOUS EN PROPOSER!!! ALORS, LAISSEZ-MOI PARLER!!
MAIIIS, ON LES CONNAIT, VOS SOLUTIONS! C'EST DÉJÀ CELLES QUE NOUS PROPOSIONS LORSQUE NOUS ÉTIONS AU GOUVERNEMENT ET QUE VOUS AVEZ TOUJOURS COMBATTUES!!
À L'ÉPOQUE, LA SITUATION N'ÉTAIT PAS LA MÊME!
TANDIS QUE DEPUIS QUE VOUS ÊTES AU POUVOIR, ELLE EST CATASTROPHIQUE!
AH AH AH AH AH
BIEN JETÉ!
C'EST DE LA CALOMNIE!!!
CALOMNIE!? J'AI DES CHIFFRES!
LES CHIFFRES, ON LEUR FAIT DIRE CE QU'ON VEUT
MESSIEURS! MESSIEURS!
MONSIEUR LE MINISTRE, JE VOUS EN PRIE!
MAIS, C'EST LUI QUI A COMMENCÉ!
au coeur de la démocratie.
AVEC LA PERMISSION DE L'ORATEUR, MONSIEUR LE PREMIER MINISTRE SOUHAITE INTERVENIR DANS LE DÉBAT!
MAIS BIEN SÛR!

Si J'Ai SOUHAITÉ INTERVENIR, CE N'EST CERTES PAS POUR ENVENIMER UN DÉBAT DÉJA HOULEUX, MAIS PARCEQUE MES PROPOS (J'EN SUIS CONVAINCU) SERONT DE NATURE À APAISER LES PASSIONS!
ÇA M'ÉTONNERAIT!
CHUUUUT!
CETTE LOI QUE NOUS PROPOSONS, C'EST VRAI, FUT VÔTRE!
AH, QUAND MÊME!
CHUUUUT
VOUS FÛTES "POUR" ET NOUS FÛMES "CONTRE"! AUJOURD'HUI, NOUS SOMMES "POUR" À NOTRE TOUR...
EH BIEN, CETTE LOI, CETTE LOI JUSTE, CETTE LOI NÉCESSAIRE, CETTE LOI DÉSIRÉE, CETTE LOI, MESDAMES ET MESSIEURS, VOTONS-LA ENSEMBLE!!
JAMAIS!
JAMAIS NOUS NE VOTERONS "POUR" AVEC DES GENS QUI CHANGENT TOUT LE TEMPS D'AVIS!!
BRAVO
BRAVO
BRAVO
garants de nos libertés fondamentales.
DIS-DONC! LE FRÈRE DE JEANNINE EST FURIEUX PARCEQUE LE TRACÉ DE L'AUTOROUTE COUPE SON DOMAINE EN DEUX! TU PEUX PAS FAIRE QUELQUECHOSE POUR LUI?
VIENS DÉJEUNER DIMANCHE À LA MAISON, ON EN PARLERA TRANQUILLEMENT!
5

propos irresponsables
"Je suis membre du comité des fêtes..."
NOUS CONFIE MONSIEUR VALETTE.
JE TIENS, TOUT D'ABORD À VOUS REMERCIER POUR VOTRE CONCOURS ACTIF À NOTRE GRANDE PREMIÈRE FÊTE CHAMPÊTRE!
SANS VOUS, CETTE FESTIVITÉ QUE BIEN DES COMMUNES NOUS ENVIENT, N'AURAIT JAMAIS PU AVOIR LIEU!
JE SAIS QUE CE FUT SOUVENT AU DÉTRIMENT DE LA VIE FAMILIALE ET AU PRIX D'EFFORTS LIBREMENT CONSENTIS APRÈS UNE RUDE JOURNÉE DE TRAVAIL!
AUSSI, AFIN DE PERMETTRE À TOUT LE MONDE D'ALLER SE COUCHER DE BONNE HEURE, JE CÈDE LA PAROLE, SANS PLUS TARDER, À MONSIEUR TEVRET POUR UN PREMIER BILAN!
SCHLT
un engagement personnel et méritoire.
C'EST UN FIASCO!
MÊME POUR LES MERGUEZ?
POUR L'ENSEMBLE DE LA FÊTE, LA FRÉQUENTATION DES STANDS A ÉTÉ DE 80% INFÉRIEURE À NOTRE ESTIMATION!
MAIS, POUR LES MERGUEZ AUSSI?
PARCEQU'AVEC JEAN-PAUL AUX FRITES ET MOI AUX MERGUEZ, ON A PAS ARRÊTÉ DE LA JOURNÉE!
C'ÉTAIT UNE FRITE, UNE MERGUEZ, UNE FRITE, UNE MERGUEZ...
1

POUR LE MOMENT, MONSIEUR VALETTE, NOUS RESTONS DANS LES GÉNÉRALITÉS, NOUS EXAMINERONS CHAQUE STAND EN PARTICULIER TOUT À L'HEURE!
AH BON!
DONC, 80%!
VOUS IMAGINEZ LES CONSÉQUENCES SUR LE PLAN FINANCIER!
un bénévolat opiniâtre
C'EST UN DÉSASTRE!
MÊME POUR LES MERGUEZ?
LE BÉNÉFICE TOTAL DE LA FÊTE EST ÉGAL À L'ESTIMATION QUE NOUS AVIONS FAITE POUR UN SEUL STAND!
C'ÉTAIT CELUI DES MERGUEZ?
IL EST ÉVIDENT QUE POUR CETTE PREMIÈRE FOIS, L'INEXPÉRIENCE A JOUÉ CONTRE NOUS!
POUR ÉVITER QUE LES MÊMES ERREURS NE SE REPRODUISENT L'ANNÉE PROCHAINE, JE SUGGÈRE DE PASSER CHAQUE STAND EN REVUE AVEC SON RESPONSABLE!
NOUS LAISSERONS DE CÔTÉ LE "TIR", PUISQUE, COMME VOUS LE SAVEZ, NOUS AVONS DÛ INTERROMPRE CETTE ATTRACTION PRATIQUEMENT DÈS LE DÉBUT!
CE QUE JE PEUX DIRE, EN REVANCHE, C'EST QUE ÇA AVAIT DÉMARRÉ SEC!
LES GENS SE BATTAIENT POUR AVOIR UNE CARABINE!
MAIS, LE "CHAMBOUL'TOUT", HABITUELLEMENT SI POPULAIRE, N'A FAIT QU'UN SCORE TRÈS MÉDIOCRE!

SEULEMENT TROIS TICKETS VENDUS! COMMENT ÇA SE FAIT?
BEN...
DÉJA, ON A PEUT-ÊTRE EU TORT DE METTRE LE STAND DOS A LA RIVIÈRE...
faire évoluer les mentalités.
... ET COMME, EN PLUS, ON A PERDU LE DÉCAPSULEUR, LE BAR N'A PAS FONCTIONNÉ COMME ÇA AURAIT DÛ!
C'EST DONC ÇA!
C'EST VRAIMENT DOMMAGE, PARCE QUE, DANS UNE FÊTE DE PLEIN AIR, LE BAR, C'EST CE QUI RAPPORTE LE PLUS!
JE SAIS, MAIS, ÇA, JE VOUS DIS, DÉCAPSULER LES BIÈRES AVEC LA PORTIÈRE DE LA R5, ÇA NOUS A PRIS UN TEMPS FOU!
BON, ON EST DANS LES TEMPS! IL EST DIX HEURES ET IL NE RESTE PLUS QUE LE STAND DES FRITES!
ET DES MERGUEZ!!
LE STAND, C'ÉTAIT "FRITES ET MERGUEZ!!
JE SAIS, MONSIEUR VALETTE, MAIS, A MOINS DE COUPER VOS MERGUEZ EN DEUX, JE NE VOIS PAS QUELLES ÉCONOMIES ON PEUT FAIRE LA-DESSUS!
PAR CONTRE, ON PEUT TRÈS BIEN REMPLIR LES BARQUETTES DE FRITES A MOITIÉ!
C'EST ÇA! ET C'EST MOI QUE LE CLIENT VIENDRA TRAITER DE VOLEUR!
3

PAS SI VOUS LUI EXPLIQUEZ POLIMENT!
AH! PARCEQU'EN PLUS, IL FAUDRA QUE JE ME CONFONDE EN EXCUSES!!
CROYEZ-MOI, LES GENS, IL FAUT LEUR REMPLIR LEUR BARQUETTE JUSQU'EN HAUT!
MOI, JE LAISSAIS JUSTE LA PLACE POUR METTRE LA MERGUEZ À RENÉ!
ET... SI VOUS REMPLISSIEZ LES BARQUETTES AVEC DES FRITES PLUS GROSSES? SI C'EST PLEIN JUSQU'EN HAUT, LE CLIENT NE S'APERÇEVRA PAS QU'IL EN A MOINS!
ET LE POIDS? IL VA FAIRE DES ÉCONOMIES, LUI?
SI LE CLIENT VEUT ABSOLUMENT QUE SA BARQUETTE SOIT REMPLIE, Y A QU'À LUI EN REMPLIR UNE PLUS PETITE!
J'AI AMENÉ QUELQUES ÉCHANTILLONS!
CELUI-LA, C'EST LE PLUS PETIT DES MODÈLES PROPOSÉS PAR LE FABRICANT!
ET JE METS QUOI, MOI, LÀ-DEDANS? DES CÂPRES?
DITES-DONC, HÉ! SI VOUS AVEZ MIEUX À PROPOSER!
JE DIS QUE JE PEUX RIEN METTRE ÇA-DEDANS!
QUAND ON VEUT Y METTRE DE LA BONNE VOLONTÉ, ON PEUT! Y A QU'À RANGER VOS FRITES BIEN ALIGNÉES!
ET POURQUOI PAS LES PEINDRE EN BLEU-BLANC-ROUGE?
AH NON
AH, METTEZ-Y DU VÔTRE OU ON Y SERA ENCORE DEMAIN!
ET EN METTANT DE LA PURÉE?
DE QUOI?

4

PAS QUESTION! C'EST MOI LE SPÉCIALISTE!!
IL FAUT REMPLIR!
NON!
NON NON
SI!
ET AVEC UN DOUBLE FOND?
C'EST IDIOT!
AH, NON!
AVEC DE LA PURÉE?
NON
DES FRITES CREUSES
QUOI!!
UNE BARQUETTE
COMMENT ÇA ÇA!!
AVEC DE LA PURÉE?
DÉMISSION!
DE QUOI??
AH AH AH AH AH AH AH AH AH AH
DONC, TOUT LE MONDE EST BIEN D'ACCORD, C'EST LE MODÈLE INTERMÉDIAIRE, REMPLI PILE A RAS BORD?
OUI
AH AH
OUI
AH AH
VOILA UNE DIFFICULTÉ SURMONTÉE!
ON A DROIT A UN REPOS BIEN MÉRITÉ!
AHAH AH AH AH AH AH AH
ET MA MERGUEZ?
HEIN?
BEN OUI! JE LA METS OÙ, MA MERGUEZ?
un petit pas local, un grand bond pour l'univers.
LA PROLONGATION DE LA SÉANCE EST REJETÉE PAR HUIT VOIX CONTRE UNE!
5

propos irresponsables! "ça faisait vingt ans que je n'avais pas pris le train..." NOUS DIT MONSIEUR CHÉSSA.

MAIS, IL EST SOURD COMME UN POT!
POUR QU'IL M'ENTENDE, IL FAUDRAIT QUE JE HURLE AUSSI FORT QUE LUI!
IL LIT PEUT-ÊTRE SUR LES LÈVRES!
EH BIEN, TANT MIEUX! SI CE QU'IL Y LIT NE LUI PLAÎT PAS, QU'IL AILLE AILLEURS, C'EST PAS LES PLACES QUI MANQUENT!
EN PLUS, JE DOUTE FORT QUE CET INDIVIDU SOIT EN POSSESSION D'UN TITRE DE PREMIÈRE!
IL VA À DIJON, C'TRAIN-LÀ??
OUI, MON AMI, OUI!
UNE CHANCE, IL DESCEND À DIJON! NOUS N'AURONS PAS À LE SUPPORTER JUSQU'À LYON!
ON POURRAIT PEUT-ÊTRE ALLER DISCRÈTEMENT DANS UN AUTRE COMPARTIMENT?
DIJON EST À QUINZE MINUTES! INUTILE DE TRIMBALER LES BAGAGES POUR SI PEU DE TEMPS!
IGNORONS-LE, IL FINIRA BIEN PAR SE DÉSINTÉRESSER DE NOUS!
J'VAIS VOIR MON FRÈRE!
IL HABITE DIJON, MON FRÈRE! ÇA FAIT 20 ANS QUE J'L'AI PAS VU!!
UNE FOIS, J'AI VOULU ALLER L'VOIR, MAIS J'ME SUIS FAIT PRENDRE ET JE M'SUIS FAIT GRONDER PAR L'DOCTEUR PICHARD!
2

MAIS MAINT'NANT, L'DOCTEUR PICHARD DIT QUE J'PEUX SORTIR D'L'ASILE COMME QUE J'VEUX!!
CLING CLING
NE PAS SE PENCHER PAR LA FENÊTRE
N'OUBLIEZ PAS VOTRE VISON!
SOYEZ SANS CRAINTE, JE NE TIENS PAS À RETOURNER AVEC CE FOU!
IL EST GENTIL L'DOCTEUR PICHARD!!
CLING CLING
UNE CHANCE! IL N'A PAS EU L'IDÉE DE NOUS SUIVRE!
ET, ÉVIDEMMENT, AUCUN CONTRÔLEUR EN VUE!
C'EST PAS DANS LES AVIONS QUE ÇA ARRIVERAIT!
3

AH!
DIJON!
NOUS ALLONS EN ÊTRE DÉBARRASSÉS!
DIJO
NOM DE DIEU, IL DESCEND DE CE CÔTÉ!!
ALORS VRAIMENT, ON S'CON-NAIT PAS?
OUF! EH BIEN, NOUS EN SOMMES SORTIS!
EST-CE QUE NOUS RETOURNONS DANS L'AUTRE COMPARTIMENT?
POURQUOI FAIRE? C'EST LE MÊME QUE CELUI-LÀ ET ÇA NOUS ÉPARGNERA DE RE-TRANSVASER LES BA-GAGES!
4

TOUT DE MÊME, QUEL IRRESPONSABLE CE DOCTEUR PICHARD! QUAND JE PENSE A TOUT CE QUI AURAIT PU NOUS ARRIVER FACE A CE FOU!!
BAH! DANS LE FOND, C'ÉTAIT UN PAUVRE BOUGRE!
OUI, MAIS, DE LA A LUI LAISSER PRENDRE LE TRAIN SANS SURVEILLANCE...
BAH! CE GENRE DE RENCONTRE EST TOUT DE MÊME ASSEZ RARE! DIEU SOIT LOUÉ, NOS CHEMINS DE FER RESTENT PARMI LES PLUS PRESTIGIEUX DU MONDE!
NE TIRER LE SIGNAL D'ALARME QU'EN CAS DE DANGER
SALUT LES BOURGEOIS!!
NE PAS DESCENDRE AVANT L'ARRÊT COMPLET DU TRAIN
VOUS AVEZ VOTRE VISON ?
Oui, oui!

5

propos irresponsables

"nous nous sommes inscrits à une partie de chasse"...

NOUS CONFIENT MONSIEUR ET MADAME BERTHIER.

EH BIEN, EN VOILÀ UNE COURAGEUSE!
ÇA M'A PRIS HIER! J'AI SAUTÉ DANS UN TAXI ET JE SUIS ALLÉE M'ACHETER LE COSTUME!
MADAME, MESSIEURS, SI VOUS VOULEZ BIEN MONTER DANS LA REMORQUE, NOUS ALLONS NOUS RENDRE SUR LE TERRAIN DE CHASSE!
AH! TRÈS BIEN!
HONNEUR AUX DAMES!
HEU... J'AIMERAIS AUTANT QUE LE CHIEN RESTE LÀ!
AH BON?
POURTANT, JE CROYAIS QU'UN CHIEN ÉTAIT INDISPENSABLE POUR DÉBUSQUER LE GIBIER?
OUI, MAIS, LÀ, ÇA N'EST PAS NÉCESSAIRE, NOUS NOUS OCCUPONS DE TOUT!
AH, C'EST COMPRIS DANS LE FORFAIT?
VA VOIR MAMAN!
RENTRONS À L'INTÉRIEUR, NOUS SERONS TOUT AUSSI BIEN À DISCUTER AUTOUR D'UNE TASSE DE THÉ!
ALORS, VRAIMENT, FRANÇOIS-HENRI, VOUS NE DÉSIREZ PAS ACCOMPAGNER VOTRE PÈRE?
POUR SALIR MON LODEN, MERCI BIEN!
2

RENOUER AVEC SES INSTINCTS ANCESTRAUX
C'EST MON DOCTEUR QUI M'A CONSEILLÉ L'EXERCICE!
EXCUSEZ-MOI, MONSIEUR L'ORGANISATEUR, MAIS, C'EST ENCORE LONG À ARRIVER, VOTRE GIBIER? PARCEQUE J'AI DÉJÀ FROID AUX PIEDS!
UN INSTANT, MADAME, JE VAIS ME RENSEIGNER AUPRÈS DES RABATTEURS!
CROA
CROA
CROA
ALLO, PAUL?
TU PEUX LÂCHER LES FAUVES!
OK!
DITES-MOI, MON AMI! POUVEZ-VOUS PROFITER DE CETTE ATTENTE POUR DONNER QUELQUES RUDIMENTS DE CHASSE À MON ÉPOUSE, QUI VIENT ICI POUR LA PREMIÈRE FOIS?
CERTAINEMENT!
EST-CE QUE VOUS AVEZ DÉJÀ CHASSÉ AVEC CE TYPE DE FUSIL?
C'EST QUOI UN FUSIL?
RETROUVER LE RÔLE NOURRICIER DU CHEF DE TRIBU
DITES-DONC! SUR VOTRE DÉPLIANT, IL Y A MARQUÉ: "TEMPS D'ATTENTE, MAXIMUM 5 MINUTES", ET ÇA VA FAIRE BIENTÔT UN QUART D'HEURE!
JE VAIS VOIR AUPRÈS DES RABATTEURS OÙ NOUS EN SOMMES!
3

ALLO, PAUL ??
QU'EST-CE QUE TU FOUS, MERDE !!!
JE VOUDRAIS T'Y VOIR, TOI ! DES BESTIOLES QUE J'AI NOURRIES À LA MAIN PENDANT DES SEMAINES !
IL Y A UN LÉGER CONTRETEMPS, MAIS TOUT DEVRAIT S'ARRANGER RAPIDEMENT !
"UN LÉGER CONTRETEMPS" !! ON VOIT BIEN QUE C'EST PAS VOS RABATTEURS QUI SE GÈLENT !
AU MOINS, VOUS A-T-ON CORRECTEMENT EXPLIQUÉ LE MANIEMENT DU FUSIL, MA DOUCE AMIE ?
QUEL FUSIL ?
ALLO, LOUIS ??
QU'EST-CE QU'IL Y A ENCORE ??
ÇA Y EST, Y EN A UN QUI SE DIRIGE VERS VOUS !!
PRÉPAREZ-VOUS, ON M'ANNONCE L'ARRIVÉE IMMINENTE DU GIBIER !
AH, TOUT DE MÊME !
L'ARRIVÉE DU QUOI ?
4

LÀ! Y EN A UN QUI CHARGE !!!
PAN PAN PAN PAN PAN PAN PAN PAN PAN PAN PAN PAN PAN PAN PAN PAN PAN PAN PAN
JOLI COUP!
JE CROIS BIEN QUE C'EST BERTHIER QUI L'A EU!
BRAVO, POUR UNE PREMIÈ-RE FOIS!
OH! J'AI EU DE LA CHANCE!
QUELQU'UN VEUT L'EMPORTER?
POURQUOI FAIRE?
une sensation sauvage et primitive
EST-CE QUE TOUT LE MONDE A SON "FOIE GRAS-SOUVENIR?"

5

propos irresponsables

"Je mieux!"

NOUS DIT MONSIEUR DELAMBLIS.

si vous avez des questions à me poser, faites-le par écrit en parlant de choses et d'autres pour faire diversion
EH BIEN, HEU... JE.... JE SUIS TRÈS CONTENT D'ÊTRE VENU PARCEQUE JE SUIS BIEN CONTENT D'ÊTRE LÀ....
SCRIIII SCRIIII
mais, je comprends pas.. c'est un rhume ou un cancer?
EST-CE QU'IL SUPPORTE BIEN LES SUPPOSITOIRES?
SCRIIII SCRIIII SCRIIII
c'est bien un cancer, mais pour ne pas l'inquiéter, nous lui avons dit qu'il avait un rhume.
EH BIEN, JE SUIS TRÈS BIEN CONTENT D'ÊTRE VENU...
SCRIII SCRII
est-ce qu'il est condamné? Combien de temps lui reste-t-il à vivre?
PEU, SI TOUT VA BIEN. SINON, NOUS LE GARDERONS UN PEU PLUS SI ÇA TOURNE EN BRONCHITE!
SCRIIII SCRIIII

2

un jour, peut-être deux...
EH BIEN. JE SUIS TRÈS BIEN CONTENT...
Non! c'est pas vrai!! vous êtes un menteur et un incapable!!
AU CAS OU SA GORGE SERAIT IRRITÉE, FAITES-LUI SUÇER DES GOMMES!
MON MARI EST TRÈS BIEN CONTENT...
SCRIII SCRIIII
SCRIII SCRIIII
croyez-moi, nous avons fait tout ce qu'il était humainement possible de faire!
Louis, je t'en prie, calme-toi!
NOUS L'AVONS MIS DANS UNE CHAMBRE SEULE POUR ÉVITER LA CONTAGION!
SCRIIII SCRIIII
quand vous le verrez tout à l'heure, essayez d'être aussi détendue que possible. l'inquiéter ne ferait que rendre sa fin plus pénible.
"en tout cas, moi, si j'étais malade, je voudrais qu'on me dise la vérité..."
3

ALORS, GRAND PARESSEUX!
ENCORE AU LIT À UNE HEURE PAREILLE?
A, A!
BONJOUR, BEAU PAPA!
ET CE RHUME?
GARGL
EH BIEN, TANT MIEUX!
JE VOUS AI FAIT UN BON QUATRE-QUARTS!
JE VOUS LE RANGE DANS LA TABLE DE NUIT!
A, A!
OH! VOUS N'AVEZ PAS TOUCHÉ À MON CAKE D'HIER?
IL ÉTAIT PAS BON?
MOI, JE SAIS POURQUOI! C'EST PARCE QU'ON A OUBLIÉ LE VIN BLANC!
A, A!
J'AI PAS RAISON?
JE DIS, DOMMAGE QUE C'EST PAS DU VIN BLANC, HEIN? A, A! J'AI PAS RAISON?
IL NE RÉAGIT MÊME PAS AUX PLAISANTERIES!
C'EST TROP SUBTIL POUR QUELQU'UN SOUS ANALGÉ-SIQUES!
4

C'EST PAS LA PEINE D'INSISTER! IL VAUT MIEUX LE LAISSER SE REPOSER!
OUI, TU AS RAISON!
EH BIEN, ÉCOUTE, ON NE VA PAS TE FATIGUER PLUS LONGTEMPS! ON ÉTAIT JUSTE VENUS POUR VOIR COMMENT ÇA ALLAIT!
EN TOUT CAS, TU AS MEILLEURE MINE!
OUI, JE MIEUX!
À PROPOS, ON EN A PARLÉ LONGUEMENT AVEC LE CHIRURGIEN QUI A OPÉRÉ TON RHUME, ET IL EST TRÈS RASSURANT!
COURAGE!!
POUR LUI, TU SORS D'ICI DANS DEUX-TROIS JOURS! IL A ÉTÉ FORMEL!
C'EST NERVEUX!
MAL VENTRE!
POUR TON RETOUR, ON INVITE TOUS LES AMIS ET ON SE FAIT UN GROSSE FÊTE!
A, A!
"... mais, heureusement, à part quelques bricoles en hiver, je ne suis jamais malade ..."
ALORS, QUI A CRIÉ : "BANDE DE CONNARDS"?
MAIS... LOUIS, JE T'ASSURE...
FAMILLE DELAMBLIS
A NOTRE PÈRE
SES AMIS

5

Propos irresponsables

"Je suis l'auteur de la réforme Piqueret"

NOUS DIT MONSIEUR GUILLEMOT.

VOYEZ-VOUS, LES RÉFORMES DE MES PRÉDÉCESSEURS (ET VOUS LE SAVEZ BIEN) ONT ÉTÉ DES ÉCHECS!
ET POURQUOI L'ONT-ELLES ÉTÉ ? PARCE QU'ELLES ÉTAIENT LE FAIT D'UN SEUL HOMME ET NON PAS LE RÉSULTAT D'UNE VASTE CONCERTATION!
VOUS PENSEZ DONC À UNE CONSULTATION NATIONALE SUR CE SUJET?
NON!
ET JE VAIS VOUS DIRE POURQUOI!
VOYEZ-VOUS (ET VOUS LE SAVEZ BIEN) JE SUIS UN HOMME DE TERRAIN, CE QUI ME PERMET D'AVOIR DES CONTACTS FRÉQUENTS AVEC LA POPULATION ET DE RECUEILLIR L'AVIS DE BEAUCOUP D'ENTRE EUX!
PAR EXEMPLE, DIMANCHE DERNIER, AU DESSERT, MON COUSIN JEAN-PAUL M'A FAIT PLUSIEURS SUGGESTIONS, DONT, CROYEZ-MOI, JE SAURAI TENIR COMPTE!
POURTANT, LES SYNDICATS SE PLAIGNENT DE N'AVOIR TOUJOURS PAS ÉTÉ REÇUS!
TOUS CEUX QUI PARTAGENT AVEC MOI CETTE MÊME VOLONTÉ DE PROGRÈS POUR NOTRE PAYS, SAVENT QUE MA PORTE LEUR EST TOUJOURS OUVERTE!
PAR EXEMPLE, HIER SOIR, AU DESSERT, MON COUSIN JEAN-PAUL EST ENTRÉ SANS PROBLÈME!
20 HEURES
le journal
... ET NOUS REJOIGNONS TOUT DE SUITE JEAN-PIERRE LORIENT DEVANT LE PERRON DU PALAIS PRÉSIDENTIEL OÙ SE TIENT, EN CE MOMENT, LE CONSEIL DES MINISTRES!
LES RÉFORMES
ALORS, JEAN-PIERRE, OÙ EN EST-ON DU TRAIN DE RÉFORMES ANNONCÉ PAR LE GOUVERNEMENT?
EH BIEN, BRUNO, JE N'AI MALHEUREUSEMENT AUCUNE INFORMATION À VOUS DONNER PUISQUE LES MINISTRES SONT TOUJOURS EN SÉANCE... CE QUI LAISSERAIT SUPPOSER QUE LES DISCUSSIONS AUTOUR DE CES RÉFORMES DOIVENT ÊTRE PARTICULIÈREMENT ANIMÉES!
2

" QUAND PROMESSE EST PRINTEMPS SANS FLEURS, TELLE EST LA NUÉE SANS PLUIE, L'ÉPÉE SANS FIL ET L'ARBRE SANS FRUIT... "
HEU... ÇA VEUT DIRE QUOI ?
ÇA VEUT DIRE, QU'À PART PIQUERET, PERSONNE N'A ÉTÉ FICHU DE ME CONCOCTER UNE RÉFORME !!
JE VEUX QUE LA SEMAINE PROCHAINE, CHAQUE MINISTRE ARRIVE À CE CONSEIL AVEC UNE RÉFORME !
COMPRIS ???
UNE RÉFORME ! IL EN A DE BONNES, LUI !
SI IL CROIT QUE ÇA POUSSE COMME ÇA !
T'AS PAS UNE RÉFORME À ME FILER ?
... POUR L'INSTANT, IL SEMBLE DONC QUE LE TRAIN DE RÉFORMES ANNONCÉ PAR LE GOUVERNEMENT N'AIT QU'UN SEUL WAGON !
13 HEURES
le Journal
HIER, DANS NOTRE JOURNAL DE VINGT HEURES, MONSIEUR PIQUERET NOUS EXPOSAIT SON PROJET DE RÉFORME, DONT PIERRE LEROY NOUS RAPPELLE LES GRANDES LIGNES !
LA RÉFORME
3

CE PROJET DE RÉFORME, QUALIFIÉ PAR MONSIEUR PIQUERET D'AUDACIEUX ET NOVATEUR, PEUT SE RÉSUMER EN TROIS POINTS ESSENTIELS:
1 : C'EST LE VINGT-NEUVIÈME SUR CE SUJET...
1
2 : C'EST LE PROJET D'UN HOMME DE TERRAIN ET DE SON COUSIN JEAN-PAUL...
2
3 : IL PORTERA LE NOM DE "RÉFORME PIQUERET."
3
ÉCOUTONS MAINTENANT LA MAJORITÉ NOUS DIRE QU'ELLE EST "POUR" ET L'OPPOSITION QU'ELLE EST "CONTRE"!
LES RÉACTIONS
JE SUIS POUR!
JE SUIS CONTRE!
PIQUERET, TON PROJET SENT LE NAVET!!
VOUS M'AVEZ FAIT APPELER, MONSIEUR LE PRÉSIDENT?
AH, OUI! ENTREZ, PIQUERET!
PIQUERET DU BALAI!
" UNE GRANDE PASSION MALHEUREUSE EST UN GRAND MOYEN DE SAGESSE..."
HEU... ÇA VEUT DIRE QUOI?
ÇA VEUT DIRE QU'IL VA FALLOIR ALLÉGER VOTRE TEXTE! NOTRE DÉMARCHE EST MAL COMPRISE DE LA POPULATION!
MAIS SI! ELLE L'EST!!
TENEZ, PAS PLUS TARD QUE DIMANCHE DERNIER AU DESSERT...

QUEL GÂCHIS!
Hou Hou
20 HEURES le Journal
MALGRÉ LES ALLÉGEMENTS DU MINISTRE, LES SYNDICATS DURCISSENT LE TON ET RÉCLAMENT À PRÉSENT LE DÉPART DE MONSIEUR PIQUERET!
LA CRISE
...ET QUAND MONSIEUR PIQUERET SE PRÉSENTE COMME UN HOMME DE TERRAIN, ON AIMERAIT BIEN SAVOIR DE QUEL TERRAIN IL S'AGIT!
"DANS LA SEULE FACULTÉ DE SACRIFICE EST LE GERME INDESTRUCTIBLE DE LA PERFECTIBILITÉ..."
IL FAUT ENCORE QUE J'ALLÈGE??
VOYEZ-VOUS, PIQUERET, "CE QUE L'HOMME REÇOIT DE L'EXTÉRIEUR N'EST QUE L'OCCASION DE SES IDÉES ET NON PAS SES IDÉES ELLES-MÊMES! C'EST UNE PLANTE QUI PORTE DES PENSÉES, COMME UN ROSIER PORTE DES ROSES ET UN POMMIER DES POMMES!"
HEU... ÇA VEUT DIRE QUOI????
LE CHEF DE L'ÉTAT A ACCEPTÉ LA DÉMISSION DE MONSIEUR PIQUERET, PROMU À DE PLUS HAUTES FONCTIONS, ET A NOMMÉ À SA PLACE MONSIEUR GUILLEMOT! IL EST DONC IMPOSSIBLE, POUR L'INSTANT DE PRÉDIRE CE QU'IL VA ADVENIR DE LA RÉFORME ENGAGÉE...
MINISTRE! JE SUIS MINISTRE!!

propos irresponsables

"Je suis présentateur de jeux intellectuels à la télévision"...

NOUS DIT FRED SMART.

1

MARINETTE, EN 1960, JEAN-PAUL SARTRE A FAIT PARAÎTRE UN OUVRAGE, DANS LEQUEL IL EXPOSE SA PENSÉE PHILOSOPHIQUE...
OUI! C'EST "CRITIQUE DE LA RAISON DIALECTIQUE!"
C'EST TRÈS BIEN, MAIS ÇA N'EST PAS CE QU'ON VOUS DEMANDE!
AH BON!
CET OUVRAGE, INTITULÉ "CRITIQUE DE LA RAISON DIALECTIQUE" ET DONT VOICI UN EXEMPLAIRE, VOUS ALLEZ AVOIR DIX SECONDES POUR LE DÉCHIRER EN DEUX PAR LA SEULE FORCE DE VOS BRAS!
PRÊT, MARINETTE?
MAIS...??
C'EST PARTI! ON L'ENCOURAGE!!
ET... QU'EST-CE QUE...???
PLUS QUE SIX SECONDES!!
STOOOOP!!!
JE...
JE SUIS DÉSOLÉ, MARINETTE, MAIS, LÀ, FRANCHEMENT, VOUS N'AVEZ PAS ÉTÉ ASSEZ RAPIDE!
JE... J'AI PAS BIEN COMPRIS LA QUESTION...
EST-CE QUE VOUS SOUHAITEZ UTILISER VOTRE JOKER?
NON, JE PRÉFÈRE ATTENDRE!
DANS CE CAS, NOUS VOUS ENFONÇONS D'UN CRAN DANS VOTRE TERRIER, TANDIS QUE NOUS PASSONS À LA SUITE DE NOTRE JEU!
SCROUI...
2

PHILOSOPHIE, HISTOIRE OU ARTS?
ARTS!
DEUX OU QUATRE CAROTTES?
QUATRE!
EN 1642, LE PEINTRE REMBRANDT RÉALISE UNE TOILE DE 3,59 x 4,38, INTITULÉE: "LA RONDE DE NUIT", ET DONT NOUS VOUS APPORTONS LA REPRODUCTION...
... la télé doit être éducative, certes, mais...
STOOOP!!!
FLAP FLAP FLAP FLAP FLAP
A NOUVEAU, JE SUIS DÉSOLÉ, MARINETTE, MAIS VOUS N'AVEZ PAS RÉUSSI À RECOUVRIR LA TOILE DANS LE TEMPS IMPARTI!
JE... JE N'AI PAS COMPRIS LA QUESTION D'EMBLÉE, C'EST CE QUI M'A RETARDÉE!
ALORS, JOKER OU PAS JOKER?
JOKER!
JE VAIS DONC TIRER UN NUMÉRO DE TÉLÉPHONE INSCRIT SUR UNE CARTE POSTALE...
IL S'AGIT DE MADAME MICHELINE GÂTEAU, QUI VA GAGNER UN TÉLÉVISEUR COULEUR, SI ELLE NOUS DONNE LE CHIFFRE DERRIÈRE LEQUEL SE CACHE LE JOKER!
3

J'APPELLE MICHELINE GÂTEAU!
ALLO, MICHELINE?
CROUIC CRAC
MICHELINE?
ALLO, CRAC?
OUI, BONJOUR MICHELINE!
ALLO?
OUI, C'EST À VOUS MICHELINE, DONNEZ VOTRE CHIFFRE!
C'EST CRAC MOI?
OUI, DONNEZ VOTRE CHIFFRE!
JE VOUS EN CRAC TRÈS MAL CRAC
MAIS, NOUS, NOUS VOUS ENTENDONS PARFAITEMENT! DONNEZ VOTRE CHIFFRE!
CRAC ALORS, JE DIS LE CRAC
LE 8!
TRÈS BIEN, NOUS VÉRIFIONS!
HÉ OUI! LE 8 EST LE CHIFFRE QUI GAGNE!! BRAVO MICHELINE!!
C'EST PAS LE CRAC QUE J'AI DIT CRAC LE 6!
PARDON?
C'EST LE 6 QUE J'AI DIT!
LE 6??
HEU... NOUS VÉRIFIONS!
HÉÉÉ NON! MALHEUREUSEMENT, LE 6 N'EST PAS LE BON CHIFFRE!
ÇA NE FAIT RIEN CRAC JE REMERCIE LA TÉLÉ ET J'ESPÈRE AVOIR PLUS DE CHANCE LA PROCHAINE FOIS!
TOUT ÇA N'ARRANGE PAS NOS AFFAIRES, MARINETTE, ET SI VOUS MONTEZ DANS NOTRE ESTIME, VOUS DESCENDEZ D'UN CRAN DANS VOTRE TERRIER!!
SCROUIII
4

PHILOSOPHIE, HISTOIRE OU ARTS?
ARTS! QUATRE CAROTTES!
ELLE EST TRÈS SPORTIVE!
ENTRE 1822 ET 1824, BEETHOVEN COMPOSE SA SYMPHONIE N° 9 POUR SOLISTES, CHOEURS ET ORCHESTRE! CETTE SYMPHONIE, NOUS ALLONS VOUS LA FAIRE ENTENDRE SUR UNE CHAÎNE 2 FOIS 400W, LE POTENTIOMÈTRE DE VOLUME POUSSÉ À FOND, ET VOUS DEVREZ, DURANT DIX SECONDES, LA COUVRIR DE VOS HURLEMENTS, L'AUDIOMÈTRE FAISANT FOI!
...réconcilier la culture avec l'indice d'écoute...
EH BIEN, BEETHOVEN NE VOUS A PAS PORTÉ CHANCE, LUI NON PLUS, MAIS, CETTE FOIS, IL S'EN EST FALLU DE PEU!
OUI, JE COMMENCE À COMPRENDRE LES QUESTIONS!
MAIS NOUS VOICI PARVENUS AU SEUIL DE L'ULTIME ÉPREUVE! CELLE QUI VOUS FERA TOUT PERDRE OU QUI VOUS PERMETTRA DE REVENIR EN DEUXIÈME SEMAINE!
MAIS... MARINETTE!!
JE M'ENTRAÎNE!!
SCRiiii...
MPF MPF
5

propos irresponsables "J'initie mes élèves à l'art..." NOUS DIT MADAME HARMEL.

1

SI TU CONTINUES, JE TE PRIVE DE JOLI TABLEAU POUR TA MAMAN, QUI, AINSI, N'AURA RIEN DU TOUT!!
TU VEUX PRIVER TA MA-MAN DU JOLI TABLEAU?
NONSSSS!
ALORS, RETOURNE VITE A TA PLACE SANS EMBÊTER LES AUTRES, SINON PAN-PAN!!
VOILA, LES JOLIS PAQUETS SONT PRÊTS!
MAINTENANT, ON VA TOUS FAIRE UNE JOLIE QUEUE LEU LEU POUR VENIR CHERCHER LES JOLIES NOUILLES!
PAS LES JOLIES LENTILLES, MAÎTRESSE?
HEIN? HEU... OUI, AUSSI!
ON TEND SES JOLIES MENOTTES, (OUIIIII COMME CECI) POUR QUE LA MAÎTRESSE DONNE A CHACUN LES JOLIES NOUILLES!
PAS LES
SI!! LES JOLIES LENTILLES AUSSI!!
VOILÀÀÀ! ET ON RETOURNE DOOOOOUCEMENT A SA PLACE EN FAISANT BIEN ATTENTION DE NE PAS EN FAIRE TOMBER
PAR TE
PAF
MAÎTRESSE!!

LEPROUX ! AUX PIEDS !!
TU CROIS QUE JE T'AI PAS VU TAPER SOUS LES MENOTTES DE TA PETITE CAMARADE POUR LUI FAIRE TOMBER SES JOLIES NOUILLES !!
ET MÊME MES JOLIES LENTILLES, MAÎTRESSE !
EH BIEN, MONSIEUR LE DISSIPÉ, ALLEZ AU COIN ! PAR VOTRE FAUTE, VOTRE MAMAN N'AURA PAS SON JOLI TABLEAU POUR SA FÊTE !!
MAINTENANT, LES ENFANTS, ON FAIT UN JOLI DESSIN SUR LA JOLIE PLAQUE DE BOIS !
OUAIS !
OUAIS !
GOLDORAK
SPIDERMAN
MUSCLOR ALBATOR
FRANKEINSTEIN
C'EST POOOOUUUUUR LES MAMANS, ALORS, ON CHOISIT UN PAPILLON OU UNE FLEUR !
EH BIEN, MONSIEUR LE DISSIPÉ, EST-ON DÉCIDÉ À ÊTRE GENTIL À PRÉSENT ?
EH BIEN, NOUS ALLONS VOIR ÇA ! RETOURNE À TA PLACE ET TÂCHE DE T'APPLIQUER !
3

LES ENFANTS, QUAND VOUS AVEZ FINI, VOUS M'APPELEZ !
C'EST TRÈS BIEN, MÉLANIE, ELLE EST TRÈS BELLE TA FLEUR !
C'EST UN PAPILLON !
J'AI FINI MAÎTRESSE !!
HEU... CE... C'EST UNE FLEUR ?
NON ! C'EST UNE BITE !!
ET MAINTENANT, ON PREND LA COLLE ET ON COMMENCE À COLLER LES NOUILLES ET LES LENTILLES UNE À UNE !
BERTRAND LEPROUX, REVIENS À TA PLACE ! MAIS, TU SAIS, C'EST VRAIMENT POUR NE PAS FAIRE DE PEINE À TA MAMAN !
TU ME DESSINES UN PAPILLON !!
PAS TROP DE COLLE SOUS CHAQUE NOUILLE, STÉPHANIE !
J'AI FINI, MAÎTRESSE !!

?
C'EST UN PAPILLON!
AAH! C'EST TRÈS BIEN!
TU VOIS QUAND TU T'APPLIQUES!
A PRÉSENT, TU COLLES LES JOLIES NOUILLES EN SUIVANT SOIGNEUSEMENT LES TRAITS POUR NE PAS DÉPASSER...
LA MAÎTRESSE, ELLE DIT QUE C'EST POUR ACCROCHER DANS LE SALON!
MAIS BIEN SÛR, MON CHÉRI, C'EST TRÈS JOLI!
ÇA VA PAS ÊTRE FACILE DE MARIER ÇA AVEC LE LOUIS XV!
CES TRUCS AVEC DES NOUILLES, C'EST D'UN NUL!
EN PLUS, C'EST TOUJOURS DES FLEURS OU DES PAPILLONS!
ET ALORS? TU T'ATTENDAIS A QUOI?

5

les albums FLUIDE GLACIAL

Editions AUDIE 120 bis, bd du Montparnasse 75014 Paris. Tél. : 43.20.23.96
Imprimé par Maury et relié par Brun à Malesherbes
Dépôt légal : février 1993. 6e édition. Dépôt initial : février 1988.

Diffusion France et Etranger : Flammarion